AF275317

TÓCAME EN VERSO

UN VIAJE POÉTICO POR LA PIEL,
EL DESEO Y EL APRENDIZAJE SEXUAL

TÓCAME EN VERSO

UN VIAJE POÉTICO POR LA PIEL, EL DESEO Y EL APRENDIZAJE SEXUAL

Lisbeth Samaniego Gallardo

Valparaíso
EDICIONES

VALPARAÍSO POESÍA

Diseño de interior y maquetación: Chari Nogales
www.charinogales.com @chari_nogales
Imagen de portada: Chari Nogales

Primera edición: marzo de 2026

© De los poemas: Lisbeth Samaniego Gallardo

© Valparaíso Ediciones
C/ Fray Leopoldo, 7 bajo, 18014 Granada
www.valparaisoediciones.es

ISBN: 979-13-88007-45-3
Depósito Legal: GR 278-2026

Impreso en España - *Printed in Spain*
Gráficas Gami

Cualquier forma de reproducción, distribución, comunicación pública
o transformación de esta obra solo puede ser realizada con la
autorización de sus titulares, salvo excepción prevista por la ley.
Diríjase a CEDRO (Centro Español de Derechos Reprográficos) si
necesita fotocopiar o escanear algún fragmento de esta obra
(www.conlicencia.com;   917021970 / 932720445)

CEDrO

*El papel utilizado para la impresión de este libro está calificado como papel
ecológico y procede de bosques gestionados de manera sostenible.*

PRÓLOGO

El placer ha sido históricamente silenciado, relegado al ámbito de lo prohibido, especialmente cuando se trata del cuerpo femenino y de las sexualidades no normativas.

Este libro nace del cuerpo, del deseo y de la tinta. Como Psicóloga Clínica, mujer y defensora de los derechos humanos, me rehúso a que el erotismo siga siendo motivo de vergüenza o castigo. Como *coach* y mentora, creo en la potencia transformadora del autoconocimiento corporal y emocional. *Tócame en verso* no es solo una colección de poemas. Es un viaje íntimo que desnuda el alma y el cuerpo, es una guía sensual y emocional para la mejora de la vida sexual, integrando erotismo, autoconocimiento y salud mental.

Cada cinco poemas encontrarás un ejercicio para tocarte, no solo con las manos, sino con conciencia, con memoria, con poder. Aquí, el verso se vuelve caricia, y el conocimiento, una forma de placer. No tengas miedo de arder. Este libro es tu espejo encendido y tu cuerpo un verso. Las técnicas que aquí comparto son creación mía, nacidas desde una mirada poética, encarnada y no normativa, y nutridas por las voces de Audre Lorde, Michelle Fine, Gayle Rubin, UNESCO, y otras corrientes que honran el cuerpo como territorio de goce, libertad y reconciliación. Este no es un manual de reglas. Es una invitación a derribar culpas y estereotipos, a explorar la geografía secreta de tu piel, a cultivar una relación más consciente y amorosa contigo, a expandir tu capacidad de placer y conexión. Aquí, el erotismo no es tabú: es camino, es revelación, es acto de justicia con tu propio deseo. Quiero que estas páginas sean llave y puerta; que te conduzcan a un espacio de poder personal, de goce profundo, y de libertad interior donde podrás hacer una declaración de tu erotismo consciente.

CAPÍTULO I:
EL DESEO DESPIERTA

TE NECESITO

Me deleita la fuerza con la que muerdes tus labios,
desearía ser ellos,
me encanta la manera en que sonríes mientras tus dedos
atraviesan tus cabellos,
desearía ser ellos.
cada vez que respiras haces temblar el mundo,
mi mundo.

Cada vez que tu lengua recorre tus labios,
los míos tiemblan, sangrando por sentirlos.
Necesito morder aquella parte más delicada de tu cuerpo,
aquella parte que te hace respirar fuertemente al tocar,
                    ¡Lo necesito!

Te extraño al llegar la noche,
la oscuridad de mi cuarto resbala por mi cuerpo,
su silencio me hace imaginar tus gemidos susurrados
                    en mi pecho.

TULIPANES Y VERSOS

Fuiste un tulipán
que gemía mientras le besaba sus raíces,
mientras acariciaba sus colores,
mientras me enamoraba de sus pétalos,
fuiste un tulipán que floreció en un lugar donde no debía.

¡De verdad que no debía!

Que se enamoró de su realidad,
que creció con rebeldía,
que me hacía sonreír cada día.

Y ese tulipán llegó a mí.
no lo arranqué por ningún motivo,
quería su libertad,
que siguiera creciendo.

Leí su historia de cerca para poder cuidar su vida,
para regar sus labios con cuidado,
para darle luz a su cuerpo con delicadeza.
le di la temperatura adecuada para que no se asfixiara.

Y por ese tiempo que estuvo en mis manos,
yo fui su verso,
me desvistió lentamente cada uno de ellos,

bajamos cada palabra de nuestro cuerpo,
y luego empezamos a vestirnos de besos
subiendo con nuestros labios
abrigándonos con nuestras manos.

Un tulipán,
al que desvestí los pétalos,
para vestirlo con besos.
Y aún sigue floreciendo.

PARECÍAMOS DOS ADOLESCENTES

Deseando terminar la guerra de miradas en nuestros
labios,
buscado con ansias nuestros cuerpos hambrientos,
buscando con impaciencia dónde reposar nuestras
    temblorosas piernas.

Buscábamos un refugio seguro,
no del sol, no de una lluvia, sino de la gente, aquella que
nos miraba.
    Y así, parar la guerra interminable de deseo,

entonces encontramos aquellas escaleras,
las cuales fueron testigos de un sangriento encuentro,
que terminó en mis labios
                y en medio de tus muslos.

UNA COPA DE VINO EN MIS MANOS

Al morder mis labios,
te imagino, con fuego en la piel y la sed en la mirada,
cada noche mi mente recorre tu sexo,
muerdo mis labios deseando sentir los tuyos,
esto inicio con…
                    ¿una copa de vino…
                        o una margarita?
Estaba tan ebria que no lo recuerdo,
lo que sí puedo asegurar es que tus besos dejaron marcas
    en mi piel,
imborrables de mi memoria.

                                            Éxtasis,
es lo que siento cuando te acercas,
me encierras en aquel círculo del que no hay salida,

mi mente explota.
Nos volvimos amantes a escondidas.
  Una vez más, el éxtasis me hace explotar mi vientre al
        sentir tus manos en mis piernas.

Y no puedo decir más cuando tus labios rozan mi piel,
cuando tu lengua sube y baja delicadamente mi cuello,
                            y sé que no te
importa que mi perfume haga arder tus labios.
Y el tiempo entonces se detiene.

LO CORRECTO; LO NUESTRO
Y SIN COMILLAS

¿Por qué vivimos haciendo lo que la sociedad llama "correcto"?
Te has metido ya en mi cama sin ropa,
                    y yo te quiero,
sabemos que tú y yo nos pertenecemos,
pero también sabemos
que la sociedad quiere que hagamos lo "correcto",
es como si hubiera un desierto en medio nuestro,
nos encontramos...
                    y nos tenemos sed.

Me sientes en cada línea.
Ahora sé que estás recordando todos nuestros encuentros,
desde el primero,
                    cuando sonreíamos con miedo.
Sentir esa humedad en medio de tus piernas,
recorrer cada línea que se formaba en ti,
                    esa parte que termina con mi cordura.

Y cuando nadie nos veía,
nos mordíamos los miedos.

Recuerdas cuando con mis labios entreabiertos recorrían
esa parte que te derretía,

que te hacía temblar con solo poner mi mano en tu espalda,
que me mirabas cuando mis labios mordían.

Eres como ese cielo que no tiene final,
siempre encontrábamos algo nuevo por el cual temblar,
te encantaba verme retorciendo de placer,
te encantaba escucharme gemir,
      mientras entrabas y salías de mí.

Aún tengo el olor de tu piel en mi boca.
           Sabíamos que para nosotras lo correcto
                  era lo nuestro
                    y sin
                  comillas.

EDUCACIÓN SEXUAL 1:
EL DESEO ES POLIFÓNICO

El deseo no es una única llama: es chispa, es corriente, es pensamiento. Puede comenzar con una mirada, una memoria o una fantasía. No hay forma "correcta" de desear.

EJERCICIO:

Diálogo con mi deseo: escribe cinco pensamientos o escenas que enciendan tu cuerpo. No los juzgues. Solo obsérvalos y respira con ellos.

CAPÍTULO II:
CUERPOS QUE SE RECONOCEN

MIS INTENTOS POR ROZAR SU CUERPO

En mi cabeza se mezclaron letras y un trago de cerveza,
al mismo tiempo se fundieron en mis oídos notas de jazz,
        viajan en vibraciones por mis poros,
    van subiendo por mi cuerpo llegando hasta mi cabeza,
de repente empiezo a regresar a aquellos días en que
podía tener su cuerpo frente al mío.
Aquellos días en que al inclinarse podía observar su cuello
        y sus gruesos labios.

Mis intentos por rozar su cuerpo con el mío fueron
        frenéticos,
                    era nuestro vicio,
aquellas notas de jazz de esta noche ya no suben por mi
cuerpo,
esta noche bajan lentamente haciendo vibrar mi abdomen
        y mis piernas,
bajan como un fuego que va quemando cada parte delicada
        de mí...

        La nota más alta de jazz baila en círculos,
                en remolinos,
                contra marea,

    y exhalo ese suspiro, nauseabundo, exhausta de placer.

CURIOSIDAD

Mientras Matilda nos calentaba nuestros labios,
fui quitando el tabaco que tenías en tus manos,
lo fumé y el humo lo esparcí sobre tu cuerpo de arriba
abajo,
lentamente fui sacando prenda por prenda,
                        abriste tus piernas,
                  en ese momento fui tuya
Me tenías a tu lado,
movías tus piernas de un lado a otro rozándolas junto a mí,
Yo agarraba tu abdomen con fuerza,
pasaba mi mano delicadamente sobre tu espalda
                        (Léelo lento)

            Bienvenida a la jungla

Quiero ver tu cuerpo desnudo de dudas,
destrozarlo y reconstruirlo por completo,
morder tus labios,
                  quiero sentir tu sangre resbalar por
los míos.

No tienes idea de cuánto me encantas, susurré en su oído,
y verte temblar encima de mí.

            Nuestros gemidos empezaron a mezclarse.

El tabaco quemó nuestra piel,
sonreíamos en cada beso y temblábamos una vez más,
de repente tomó el control sobre mí,
y la noche se tornó en peligro.

      Su abdomen y el mío no dejaban de moverse.

Tócame, tócame, fueron sus últimas palabras hasta quedarse
    sin aliento,
dormíamos sin una prenda encima que nos impidiera
sentirnos,
mis senos rozaban las sábanas al despertar,
abrí mis ojos y ahí estábamos piel con piel,
así comenzó nuestra curiosidad.

                        Contigo.

TUS LABIOS SON MI VINO HERVIDO

Tienes vino hervido en tus labios,
me embriago cuando los beso,
y la resaca termina en tu cuerpo.
                    Es algo mágico.
Y cuando nos observamos,
                    ya sin un latido,
y no hay una sola gota de saliva en nuestras bocas,
quedamos sin aliento,
buscando agua en la madrugada,
caminando de puntillas en la oscuridad,
sonriendo por lo que ha pasado.

Y a la mañana siguiente, solo ahí, cuando te observo sé
que estoy despierta,
                    y que la mañana ha empezado.

MIENTRAS...

—¿Qué es lo que sientes?
Me preguntó, y yo solo observaba sus ojos desnudos ante mí.
—No lo sé, contigo es diferente.
Dije mientras todo mi cuerpo temblaba.
Sonrió dándome un beso en la frente.
—Quiero comerte todo.
Dije mientras bajaba lentamente sobre su abdomen.
—Hazlo.
Me dijo, y me observaba bajar.

Su respiración iba aumentando cada vez más,
sus piernas temblaban y mis manos igual,
las sábanas ya no nos cubrían,
era una locura aquella cama,
ya nada nos importaba,
cubrí su boca con mis manos.

Mordió lentamente mis dedos,
saboreé su cuerpo,
su saliva,
sus manos.
—Me encanta verte así.
Dijo mientras se movía lentamente dentro mío.
Esa tarde fui suya.
dormimos,
pero al despertar continuamos.

—¡Cómo me encantas!
Dije al morder su hombro.
Me miró y seguimos yo arriba,
su cuerpo debajo,
eso era lo de menos.

Esa tarde fuimos un solo gemido,
esa tarde lo hicimos a nuestra manera,
siguiendo las notas musicales de los rincones de nuestros
cuerpos,
tocábamos cada una de ellas.

Como si aquel momento fuese el último respiro
de nuestras vidas.

Así lo hicimos,
como si ese fuese nuestro último día con vida.
Ardimos dejando nuestras cenizas en la cama,
que volaron al vestirnos
e irnos.

SEXO Y TABACO

Tenía dedos largos y delgados,
los cuales agarraban un cigarro,
       que acariciaba sus labios.

Ella deseaba ser su dama,
ser aquel humo que calentaba su garganta,
ser la fantasía sexual de aquella obra de arte.

       Fue capturando el momento,
       recorría con su dedo
       un sueño erótico,
       las aguas calientes de su lugar bajo.

Con la palma de su mano apretaba sus senos,
se observaba cada lunar en cada lugar de su cuerpo,
entreabría su boca lentamente al sentirse,
sentirse completa,
sentir su poder,
acariciaba sus caderas suaves y a la vez con fuerza
deseando su propio cuerpo,
conociéndose,

aquel aroma que emanaba de su cuerpo,
mezclado con el humo del tabaco,
era delirante y a la vez erótico,
       como su vida misma.

EDUCACIÓN SEXUAL 2:
CONSENTIMIENTO Y PLACER COMPARTIDO

El consentimiento es mucho más que un sí o un no. Es una danza de atención mutua. Dar y recibir. Sentir y confirmar. El erotismo se nutre del acuerdo, del juego seguro.

EJERCICIO:

Mapa del placer: Dibuja una silueta de tu cuerpo. Marca con colores las zonas que te producen placer, las que te generan curiosidad, y las que prefieres no explorar por ahora. Este es tu territorio.

CAPÍTULO III:
PIEL CON PIEL

ESO ES TODO
(NO PARA MÍ)

Se lo dije una vez mientras mi cabeza estaba sobre su hombro:
"Y si terminamos con otros diferentes,
recuerda siempre que te amo,
porque fuiste algo bonito y real".
Porque fuiste algo intenso y…
¡Qué miedo tuve!

Pero cuando te besaba todo se iba resbalando por mi piel
hasta llegar al piso,
como si la armadura que me protegía y la ropa me quitaras.

Porque fuimos esa película,
en donde las madres cubren los ojos a sus hijos para que
no se contagien de lo que ven,
(un beso, una caricia).

Pero claro que ellas lo pueden ver porque son mayores,
como si para conocer el amor se necesitara edad.

Eso es todo,
el sonido del eco de nuestros cuerpos al separarse,
el sonido de una guitarra de la melodía final,
el sonido de nuestras mejillas al saludarse como si nada
hubiera sucedido,

el sonido de tu canción favorita,
en donde sutilmente y sin darte cuenta, te cuenta
   nuestro final.
Pero créeme que para mí no lo será,
para mí no será suficiente que eso,
                           sea todo.
Porque continúa aquí,
               cuando late mi corazón,

                                cuando respiro.

PASE LO QUE PASE

Bach sonaba y la colilla de mi tabaco
danzaba en notas musicales hasta llegar al suelo,
el humo salía de mis labios
haciendo círculos hasta llegar al cielo y desaparecer con
la noche.
                    Mis dedos tornaron a rojos de frío,
                              temblaban helados,
y yo solo recordaba el calor que sentía a tu lado.
Aquellos campos de tu cuerpo que recorrí una tarde,
aquella noche que compartíamos tabaco en tu ventana,
que llorábamos por las cosas que nos sucedían,
y qué nos juramos "pase lo que pase"
                                        nunca dejarnos.
Aquí estoy en un cuarto sola y lejos de tu cuerpo,
de todas las noches de placer,
de tus besos maratónicos,
de tu cuerpo caliente.
 Y yo sé que recuerdas todas las batallas que terminamos
                    en nuestro cuerpo,
                 salvajes nos consumimos
           como el tabaco que en mi mano sostengo.
Qué grande fue lo nuestro y qué pequeño quedó resumido
                              en un papel.

MI BLUES

Te propongo que seas mi blues por el resto de mi vida,
no hay problema si nos pisamos los pies al bailar,
                no todo es perfecto.

Estoy segura de que aprenderé en toda esta pista
                a bailar a tu lado,
y tú aprenderás a agarrar muy fuerte mi mano.

Los problemas van y vienen,
pero tenemos nuestra banda sonora,
sabemos que no dejaremos que nadie pare
                                nuestro baile.

COMPLETAMENTE TUYA

Soy tuya...

Completamente, para siempre.

La vida me sorprendió cuando no esperaba nada,
tu silueta acercándose a mí fue el mejor regalo,
sonreíste y caí rendida ante ti.

Después de todo este tiempo, eres lo mejor que ha llegado
    a mis labios,
era fuerte en cuanto al amor, y ahora te veo y no puedo
dejar de repetirme lo mucho que te quiero.

Me haces feliz,
creí que sería imposible pero ahora vuelo tan alto cuando
    me besas.

Ahora sé que valió la pena esperar, sabía que estabas ahí,
mis labios terminaron su espera,
pero con nuestras manos marcaremos un nuevo comienzo
yo en tu cuerpo y tú en el mío.

Como golpes de una guitarra creando sonido llegaste a
mi cabeza y corazón.

Lo que parecía imposible lo volviste real,
solo siéntate a mi lado,
sostenme en tus brazos,
agarra mi mano,
veamos el amanecer,
tomemos un chocolate al atardecer,
amémonos al anochecer.

MI LIBRO FAVORITO

Abrió su portada para mí,
con mis dedos suavemente recorrí su piel,
mis manos temblaban
                        en cada sonido.

Seguí con mis dedos por su figura,
saborée su esencia,
me enamoré de esa causa que me inspira
de ese fondo que llegué a conocer
leí cada parte de su cuerpo,
cada rima en sus curvas,
cada melodía detrás de un verso,
cada palabra que se posaba sobre sus labios.

Con los míos me repetía
                        lo que percibía,
entreabiertos señalaba mi parte favorita y
mis ojos guardaban cada frase de su cuerpo.

Esa noche,
fue uno de mis
                        libros favoritos.

EDUCACIÓN SEXUAL 3:
CUERPO PRESENTE, MENTE RECEPTIVA

Estar presente en el acto erótico transforma la experiencia. El cuerpo no necesita estar perfecto: necesita ser sentido. El placer no se logra con técnica, sino con presencia.

EJERCICIO:

Respirar el cuerpo: Dedica dos minutos a respirar con tus ojos cerrados, tocando suavemente tu abdomen, tu pecho, tus piernas. Observa si alguna parte desea ser descubierta. Escucha tu piel.

CAPÍTULO IV:
EL PLACER SIN CULPA

EXQUISITA SENSACIÓN

Unas cuantas luces encendidas,
su cuerpo tiembla al llegar la noche
            luego de haber sobrevivido al día.

La observa sentada,
bebe sin dejar de observarla,
            su mirada es una lenta seducción.

Se hace el amor a sí misma,
observando a su alrededor,
            sin saber que existe alguien que la desea.

Camina moviendo su cuerpo,
lento y delicado,
            su mirada es exquisita.

Exquisita sensación de placer
            salvaje y voraz.

Cuando la ve,
siente reposar en el océano, perdiéndose en la marea,
            imaginando sus caricias.

1,2,3, SIÉNTEME

Ningún huracán se comparaba a lo que provocas en mí
cuando estás cerca,
cuando muerdes tu labio y una pared no es suficiente,
cuando me besas y me susurras que soy tuya,
entre mi respiración cortada y mis gemidos
te digo que sí, lo soy, y para siempre.

Ni el amor de libreto se compara,
a tu sonrisa,
a tu mirada somnolienta,
que descubro viéndome por las mañanas,
a tus manos llenas de miel,
a tus labios llenos de mis besos,
                            mi saliva.

Entramos y nos retorcemos al sentirnos,
cerca,
                            a la distancia,
lo haces más fácil, cuando dices que me amas,
cuando me dices que nos pertenecemos,
cuando me dices que
                            entremos.
Ven por mí,
bebamos de la misma copa, ya no quiero seguir haciéndolo
                            a kilómetros de distancia.

NEBLINA

Neblina, empaña mis ojos,
estremecé mi piel con tu frío,
        caliéntame por dentro.

Todo es blanco a mí alrededor,
un leve zumbido de frío puedo oír,
pequeñas hojas tambaleándose con tu soplar puedo ver.

Todo lo ocultas al pasar,
hazme volar lentamente,
        dejando mi mente en blanco.

Fría y clara,
neblina láctea,
  soplas con fuerza dejándome caer en tu aire acogedor.

Perdiéndome en el tiempo,
borrando los problemas de mi alrededor,
        escuchando el zumbido que dejas al pasar.
hazme temblar con tu alma fría,
hazme perder en lo infinito de tu oscuridad clara,
        hazme volar a tu lado, invisible.

Neblina, cual sopla mi cabello con dulzura,
dejándome tu aire natural,
purificando mi cuerpo.

MI PIEL, TU PINCEL

Déjame ser tu pincel favorito,
tus colores atrevidos.

Déjame ser tu nuevo cuadro,
    aquel que nunca te atreviste a pintar por miedo
        a enamorarte.

Déjame ser tu musa,
tú serás mi artista,
yo he pintado,
pintado letras en hojas que sangran por tus besos.
Déjame convertirme en aquella que te haga feliz.

SINTIÉNDONOS

Cuando llega la noche,
                        en mi cabeza se mezclan las letras
de Vanesa
con un trago de cerveza.

Mis manos empiezan un recorrido por tu piel,
                        escribiendo historias
que nunca serán contadas de mis labios a tus labios.

Es así como al llegar la noche:
                        mi sangre se mezcla con el vino
y la melodía de tu voz.

Haré de mi lengua un pincel sobre tu cuerpo desnudo
                        como un lienzo,
mientras recorro con mis dedos tu cuello.

Desde tu cuello hasta tus piernas,
                        creando sincronías
entre mi pensamiento y tu piel,
                        yo llenaba una vez más
de vino mi copa.

EDUCACIÓN SEXUAL 4:
AUTOEXPLORACIÓN COMO EMPODERAMIENTO

Conocerse es poder.
El autoplacer no es un sustituto: es un camino hacia ti.
Explorar tu cuerpo sin culpa es un acto de amor propio.

EJERCICIO:

Encuentro contigo: Busca un momento íntimo. Tócate sin apuro. Observa cómo respondes a cada caricia. Luego, escribe una palabra que defina cómo te sentiste. Guárdala. Es tuya.

CAPÍTULO V:
ARDER SIN MIEDO

VUÉLVETE LOCURA

Amo la manera en que tus manos se cruzan en mi cintura
amo la manera en que me besas
Y cuando aprietas mi espalda con fuerza cada que muerdo
tus labios.
Con el aroma que resbala por tu cuerpo
me embriago.
Golpea mi cuello con tus labios
tiemblo al sentir tu piel,
me tienes elevada en el vacío
desvísteme
Y vísteme con tu desnudez.

Como se aman una pintura surrealista,
así te amaré esta noche
recorreré tu cuerpo con mis labios entreabiertos.
Como en las películas, lo haremos
con tu música favorita de fondo
con tus posturas preferidas.
¿Y me miras así?
Como si no supieras nada de lo que hablo
como si nunca te hubieran tocado.
Estremécete con el roce de mi piel
desangra mis dedos al tocarte
quema mi cuerpo con tus besos
deja que tu fuego líquido

recorra mi cuerpo por dentro.
Déjame sentirte dentro
déjame conocer tu lado más salvaje
vuélvete locura
vuélvete un desastre.
Rózame,
por cada delicada parte de mi piel.
Besa mis senos,
hazlo a tu manera

despacio
suave.

MI MENTE EXPLOTA

Al morder mis labios
te imagino, con fuego en la piel y la sed en la mirada,
cada noche mi mente recorre tu sexo,
muerdo mis labios deseando sentir los tuyos,
esto inició con…
                    ¿una copa de vino…
                        o una margarita?
Estaba tan ebria que no lo recuerdo,
lo que sí puedo asegurar, es que tus besos dejaron marcas
en mi piel,
imborrables de mi memoria.

                                        Éxtasis es
lo que siento cuando te acercas,
me encierras en aquel círculo del que no hay salida,
mi mente explota.
Nos volvimos amantes a escondidas.
  Una vez más, el éxtasis me hace explotar mi vientre al
        sentir tus manos en mis piernas.

Y no puedo decir más cuando tus labios rozan mi piel,
cuando tu lengua sube y baja delicadamente mi cuello,
                                    y sé que no te
importa que mi perfume haga arder tus labios.
Y el tiempo entonces se detiene

UNA VEZ

Puedo hacer que tu cuerpo diga sí encima de mí,
tu silueta mezclándose con la mía.

Hace mucho que lo deseamos
desde lejos nos observamos con cuidado
de lo que tu mente está pensando
               y sabes lo que piensa la mía.

Mencionar unas cuantas palabras
entrecortadas cuando paso por su lado
me observas, siento cuánto lo quieres
                    deja todo
                    hazlo ahora.

También tengo miedo
          pero una vez que tus labios estén sobre mi piel
               saciando tu sed
               acariciando mis pezones
          pero una vez que tu lengua recorra
               mi cuello
               mi abdomen
               mis piernas
el miedo no existirá.

Una vez que sea como una asesina sobre ti
saciando mis ganas
dejando resbalar mi saliva sobre tus labios
mordiendo tus dedos
una vez que lo hagamos no existirá el miedo
una vez que lo hagamos
existirá un nuevo encuentro
una vez que lo hagamos, este no será el final.

Este tan solo será,
el punto de partida.

NUESTRA PRIMERA VEZ

La tarde se reflejó en su espalda desnuda,
en mi cuello lastimado,
en un cuarto sin secretos.

Sus labios entreabiertos me desbordan.
Paralizada
observaba.

Mi cuerpo en aquel frío empezó a calentarse
saboreé sus labios que hacían explotar dinamita en mi
piel
sentía torbellinos en mis huesos.

Y de repente, llegó la calma
el mar se regó en nuestras piernas
dejándonos dormir aquella tarde.

Al abrir mis ojos
ahí estaba tu cuerpo.
Reluciente,
brillaba como un diamante.

Eran apenas las cinco de la tarde
el atardecer se iba posándose en tus caderas.

Y una vez más quería besarlo
saborear esa canela que habita en ti,
                    y una vez más, hasta siempre.

CUANDO BESÉ...

Cuando besé tus labios,
        probé etanol del cielo.

Bailaba
En tus caderas escuchando jazz,
        con mis manos saboreaba tu cuerpo.

Lentamente besé tus piernas
        temblándome los labios,
recorrí con mi lengua tu sexo
como si tocara un chelo
        deseando escuchar tu gemir
leyendo voy
        por el camino de tu cintura,
leo cada noche
en medio de tus piernas es mi final favorito.

En tus labios comienzo mi próximo viaje
        me quedo dormida
escuchando tu respiración
es esa melodía
        que acaricia mis odios al cerrar mis ojos.

EDUCACIÓN SEXUAL 5:
EL CUERPO COMO HOGAR

EXPLORACIÓN: Tu cuerpo no necesita aprobación. Es casa, es templo, es jardín. Reconocerlo como fuente de placer es rebelarse contra todo lo que nos han negado.

EJERCICIO:

Carta a tu cuerpo: Escribe una carta agradeciendo a tu cuerpo por lo que te permite sentir. Nombra partes que has juzgado y ahora quieres reconciliar. Léela en voz alta.

CAPÍTULO VI:
EROTISMO EN LIBERTAD

PERTENECERNOS

Es ahora cuando el cielo se pone terco,
nos llama,
desea vernos,
sentirnos,
mojarnos,
mientras nuestros cuerpos caen en la acera,
consumiéndonos con caricias y besos
no quiero ir a ningún lado donde no estés tú,
salgamos de la atmósfera que nos asfixia,
seamos salvajes
corramos sin ropa,
por una habitación tratando de cubrir nuestra desnudez,
de aquellos que no se atreven a amar,
demos vuelta al mundo,
déjame recorrerte con mis dedos lentamente,
oler tu frente,
que por más raro que suene,
ahí es donde me engancho cada noche que respiro a tu
lado,
dame tu amor eterno,
                              vámonos
cerca del cielo
lejos de la tierra.

NOCHES

Cuando te vi, supe que todo sería un desastre.
Ahora cada mañana me arde en medio de las piernas
al verte caminar.
Ahora, cada mañana me arden los labios desahuciados
esperando un beso,
Ahora, cada noche se va volviendo más peligrosa,
no hay noche que sueñe con escribirte,
no hay noche que no sueñe con tenerte entre mis piernas
y no entre mi imaginación...
Ahora te escribo,
en las noches te escribo
y te deseo.
Y me he quedado a segundos de llamarte,
pero me gana la cobardía.

POESÍA

Y poesía no son mis letras;
es lo que su cuerpo emana sobre el mío,
son los actos de los cuales
                        son testigos
nuestra cama y aquel pequeño cuarto.

Poesía son sus besos
                        sobre mis labios,
poesía es su sonrisa
                        al mirarme.

Poesía es cuando muerde sus labios
                        y
no aguanta las ganas de besarme.

Poesía es su nombre deletreado por mi boca en cámara
lenta,
poesía es cada tarde que espero,
poesía es cada noche que sueño,
poesía es cada día que hacemos el amor.
Poesía son sus manos al tocarme lentamente,
poesía son sus piernas al enredarse con las mías,
poesía es su sexo
                        que es tan mío.

EL ALMA DEL POETA

Las almas de los poetas están hechas para amar sin límites,
destrozarse el corazón y la cabeza en cada amor.
Por consiguiente, sentarse frente a un ordenador a escribir,
mover sus dedos como el músico que toca un chelo
con la excitación de sacar la mejor melodía,
sacar de aquella relación que lastimó, una melodía que lo
deje dormir por las noches.
Las almas de los poetas están hechas de arte,
un poco de pintura,
un poco de música,
un poco de letras,
un poco de cine,
un poco de baile.
un poco de dolor.
Es nuestra profesión,
sufrimos,
lloramos,
reímos,
nos enamoramos.

Pero volvemos cuando ese amor termina,
volvemos a las hojas en blanco,
a sanar heridas,
con un lapicero y una copa de vino,
quizá un tabaco,

quizá un cuerpo desnudo a nuestro lado,
quizá solo un lapicero,
pero lo que nunca falta es nuestro corazón destrozado,
maravillado por lo mucho que hemos amado,
independientemente de lo que hayamos pasado.

Y así termina una hoja llena de letras,
de tachones,
de manchas rojas,
pero la melodía está al final de todo,
en ese punto que ponemos al terminar
ahí encontrarás el arte y el alma del poeta.

Recomendación:
Leer este poema con Beethoven - *Molto Vivace* - Sinfonía
Nº9, Op. 125

SER

Que si lo escribo mi vida acaba,
pero sería imposible que eso suceda,
 si cuando te vi, mi vida empezó.

Lo habíamos esperado por días, vernos y tenernos.

Sonreíste y temblabas, ¿lo recuerdas?
yo no paraba de hablar,
caminaba por toda la habitación observándote,
de repente,
te convertiste en mi calma,
un abrazo fue el inicio,
fundimos nuestros cuerpos,
lo convertimos en uno solo,
nos besamos el alma,
desde aquella tarde no hemos parado de hacerlo,
no hemos parado de ser nuestra calma,
nuestro abrigo,
nuestro hogar,
allá afuera es frío,
pero a tu lado todo es más caliente,
en todos los sentidos, vida mía,
yo te quiero hoy y siempre.
Porque estaba perdida,
hasta que llegaste a mostrarme el camino,

hasta que me enseñaste a amar,
a no tener miedo y a respirar,
y a ser,

ser hogar.

EDUCACIÓN SEXUAL 6:
EL DESEO DIVERSO

El deseo tiene muchas formas, colores, ritmos. No hay una única manera de amar ni de excitarse. El erotismo florece cuando dejamos de encajar en moldes.

EJERCICIO:

Mis reglas del deseo libre: Escribe tres principios o reglas que guíen tu sexualidad sin culpa. Ejemplo: "Puedo cambiar de opinión", "Mi placer es valioso", "No tengo que encajar en expectativas".

CAPÍTULO VII:
EPÍLOGOS DEL DESEO

MI ÚLTIMO VERSO

Sentada leyendo poesía,
        al leer mi segundo verso alcé mi mirada,
observe tus pupilas,
sonreíste lentamente,
puedo descifrar perfecto la forma en que tus labios se
moldean.

En ese momento rápidamente la tensión subió por
    mis piernas,
también lo sentiste.

Mis piernas se lastiman la una a la otra al sentirte cerca,
excitándonos, mordiendo cada parte de nuestros cuerpos.
discretamente tú,
discretamente yo,
                tocándonos con miradas.

Discretamente tú,
        pasando tu mano sobre mi muslo, rozándonos,
discretamente yo,
                mordiendo mis labios temblorosos.

Detrás de aquella obra,
nuestros cuerpos se encuentran en letras,
reconoces cada una de ellas,

deseando hacer realidad todos mis poemas.
pero una vez más todo esto queda

en mi último verso.

SILUETA DE GUITARRA

Me desnudas con tu mirada
me penetras con tu tacto,
con tu sonrisa llego al clímax,
gritando un desgarrador silencio.

Me embriagas con tu olor,
mientras vas introduciendo tu lengua
suavemente en mis rosados labios
saboreo el exquisito líquido que brota de tu cuerpo.

Líquido que alimenta mi pasión,
recorres con tu dedo mi silueta de guitarra
cual melodía
son mis gemidos de mujer excitada.

VODKA

En cinco copas de vodka.
En una copa calientas mi sangre,
en dos introduzco mi lengua en ti,
en tres tus manos acarician mi cuello,
en cuatro embriagas mis más pervertidas fantasías.

Vamos por la quinta,
mis sentidos se pierden por completo en tu caliente silueta.

ES VINO I Y II

Toma vino como una diosa,
dejándolo derramar desde su lengua sobre mi garganta
mezclado con su saliva,
llegaba a mi vientre,
haciéndome retorcer en cada orgasmo que me provocaba,
el solo verla.

                    Sonreía con malicia,
                    como si nada pasara,
y yo en su sonrisa
sin aire
me quedaba.

Un vino y tú,
sabía que un vino y tú
sería un caos al escuchar la melodía de tu voz,
mis manos desean recorrer tu espalda rozando mis dedos
en ti,
al ritmo de aquella canción lenta,
te deseo... susurraste,
y mis labios temblaron

Seguiste diciéndome:
cierra tus ojos mágicos,
y mientras estoy lejos, acaricia cada parte de tu cuerpo

pensando en mí,
recuerda las ganas que tengo de devorar tus labios
sentir tus dedos en mi piel,
escuchar cómo cambia el tono de tu voz si te beso,
y que escuches mi respiración agitada si vendas mis ojos,
un vino y tú,
tu cuerpo rozándome lentamente,
empapando nuestros labios de sabores mezclados,
déjame quedarme entre tu sonrisa y tu cuello,
y cuando me extrañes me encontrarás entre tus manos y
                                        este poema.

POR COMPLETO

Llegué a mi casa y aquel vaso de whisky me esperaba.
Al sentarme, sentí mis pies mojados,
mis piernas temblando,
y el cansancio empezó a recorrer mis manos.
Me dejaste en caída libre y sin paracaídas,
me quitaste el mar y la tierra;
me diste un hogar al cual cuando llego ya no estás.
Sola me encuentro ante un piano sin teclas,
ante el libro de nuestra historia sin letras.
Y un papel en blanco.
Ahora cómo le digo a esta tinta y papel
que ya no podré escribir nuestra historia
porque te has ido por completo
de mi piel, llevándoselo todo.
Dejándome al borde del cansancio
por recordarte.

EDUCACIÓN SEXUAL 7:
EXPLORACIÓN

El placer puede doler. A veces, tras una pérdida, tocarse es recordar. Pero también es sanar. El erotismo no desaparece con el amor: se transforma.

EJERCICIO:

Mi cuerpo después del adiós: Tómate un instante. Pregúntate: ¿qué parte de mí desea volver a ser tocada? Escribe una frase que te recuerde que tu cuerpo sigue siendo tuyo. Y sigue vivo.

CAPÍTULO VIII:
EL EROTISMO ES IGUAL AL AMOR

DORSO

Aquel dorso delicado
          que mis manos conocían a la perfección,
lentamente cada mañana,
              tarde,
            madrugada,
         lo recorría suavemente, erizando su piel.

Aquel rostro intenso,
me observaba con agitación,
                 deseando no soltar mi cintura.

Puedo morir y ni así olvidaría
sus manos,
            sudaban dentro de mi boca,
sus labios,
   mordía al observarme retorcerme en cada orgasmo.

Aquella primera noche,
  cuando nuestros cuerpos se absorbieron el uno al otro,
terminó con moretones en nuestros torsos,
terminó con nuestros labios rojos.
           Terminamos enrojecidas nuestras mejillas.

ANALOGÍA

En su espalda lleva la columna del universo
en su cuello el mejor vino añejo que he podido saborear.

Su sonrisa me saca de la realidad.

Al recorrer su piel,
la mía se estremece

como si no existiera un mañana:
                    así quiero terminar mis noches.

Camina y pasa desapercibido por todos

nadie lo observa, solo yo.

Han escuchado cuando la lluvia golpea las tejas de algún
    lugar,
han sentido como esa canción favorita hace temblar su
    cuerpo.

De esa manera él llegó a mi vida,
                golpeando mi alma,
            haciendo temblar mis huesos.

01/09/20
18:00

Al observar tu rostro no había duda alguna:
leíste mi poema favorito y caí sin prisa en tus labios,
—Mientras— susurraste en un audio.

Empezamos esta aventura,
iniciamos una película,
de esas que te enganchan al segundo,
tú lo hiciste en tus 2 minutos de tráiler.

Nanosegundos pasaban y yo
me veía una eternidad a tu lado,
entonces pregunté:
—¿Quieres ser mi instante eterno?

Y fue en ese momento
que iniciamos,
con dudas y con miedos,
pero,

                    nuestra historia acaba de empezar...

SU CUERPO: *LA BELLE ÉPOQUE*

Mi lencería azul se desvanece en su piel morena junto al
crujir de mis caderas
me voltea con delicadeza y la curvatura de mi espalda
renace sobre la curvatura de tu cintura
sus piernas empiezan a encajar entre mis húmedos muslos
sus manos rozando mi columna vertebral.

Me susurra cuánto desea devorarme al oído;
puedo escuchar su aliento.
Sus dedos empiezan el baile al compás de mis respiros,
de mi movimiento,
lentamente voy sintiendo su río
resbalar por mis montañas
de espaldas regreso a ver sus labios
sonrojados,
apretándolos contra mi espalda baja
su mirada es mi volcán
su piel
es mi seda
donde recuesto mi cuerpo
en una bañera a media luz
dejándome ver su silueta
sus besos llenos de historia
su cuerpo lleno de arte
su exhausta mirada tenue de placer.

Afuera eran los 2000,
su cuerpo:

la Belle Époque

SEXCRIBO

Sus caderas se mueven lentamente,
rozando su pelvis en mis manos,
mi río empieza a desbordarse,
a empapar mis sábanas,
a empapar mis dedos y su cabello,
ella susurra a mi oído:
                              escribe un poema.

Mis latidos, temblores, guían mis dedos por mi libro;
sus latidos temblorosos guían sus manos por mi espalda.

Su respiración se agita con lentitud,
en un mismo latido introductorio de sus dedos en mí,
la observo mientras escribo
mientras se encuentra dentro,
mientras temblamos,
mientras termino…
                              mi poema favorito.

APAGO EL SOL

Si pudiera tenerte a mi lado,
lo haría en este instante.
El frío de la mañana me hace retorcer mis caderas
apago el sol
para poder ver su silueta a oscuras
las persianas reflejan en sus piernas
mi cabello descansa sobre su abdomen
cual protagonista de nuestros amaneceres
sus venas recorren mi cintura
apretando la mañana,
dejando caer la lluvia en nuestros labios
danzas por la habitación cual seda flotante
dejando levantar las sábanas
mientras caen lentamente en mis pezones
no eres de aquí
de qué tierra llegas a humedecer la mía
de qué parte de la constelación vienes
a crear caos en la mía:
somos un universo
cuerpo a cuerpo
somos tierra.

Sintiendo en sus pies la breve humedad con sensación
    a libertad
su cuerpo emanaba el olor de paz el olor a tierra mojada
sus gemidos se mezclaban con los truenos de la noche.

EDUCACIÓN SEXUAL 8:
DORSO EN PRESENCIA

El erotismo consciente, con atención plena y amor propio.

EJERCICIO:

Cierra los ojos y deja que tus manos viajen por tu espalda, cuello y cintura como si recorrieran un mapa antiguo.

Detente en el punto donde el calor, el cosquilleo o la ternura se enciendan.

Respira ahí, como si ese lugar fuera un verso, y tu piel, el poema entero.

Educarse sexualmente es también aprender a leerse.
Saber cuándo abrirse, cuándo explorarse, cuándo decir basta.
El cuerpo no solo se entrega, también se escucha,
y cada piel tiene su propio abecedario de gemidos.
No hay erotismo sin presencia,
ni placer sin consentimiento,
ni deseo sin lenguaje.
Escribe tu historia con dedos, suspiros y límites claros.
Haz del amor propio tu primer orgasmo literario.
Y cuando el cuerpo tiemble,
que también piense.
Que también decida.
Que también disfrute.

BIBLIOGRAFÍA CONSULTADA

Berger, J. (1972). *Ways of seeing*. Penguin Books.

Fine, M. (1988). Sexuality, schooling, and adolescent females: The missing discourse of desire. *Harvard Educational Review*, 58(1), 29–53. https://doi.org/10.17763/haer.58.1.u0468k1v2n2n8242

Lorde, A. (1984). The uses of the erotic: The erotic as power. En *Sister outsider: Essays and speeches* (pp. 53–59). Crossing Press.

Plummer, K. (2003). *Intimate citizenship: Private decisions and public dialogues*. University of Washington Press.

Rubin, G. (1984). Thinking sex: Notes for a radical theory of the politics of sexuality. En Vance, C. (Ed.), *Pleasure and danger: Exploring female sexuality* (pp. 267–319). Routledge.

UNESCO. (2018). *Orientaciones técnicas internacionales sobre educación en sexualidad: Un enfoque basado en la evidencia*. https://www.unesco.org

Weeks, J. (2010). *Sexuality* (3rd ed.). Routledge.

Kerner, I., & Harris, M. (2010). *Mindfulness and sexual arousal: The art of conscious touch*. *Sexual and Relationship Therapy*, 25(2), 123–134.

ÍNDICE

CAPÍTULO IV: EL PLACER SIN CULPA

CAPÍTULO V: ARDER SIN MIEDO

CAPÍTULO VI: EROTISMO EN LIBERTAD

CAPÍTULO VII: EPÍLOGOS DEL DESEO

CAPÍTULO VIII: EL EROTISMO ES IGUAL AL AMOR